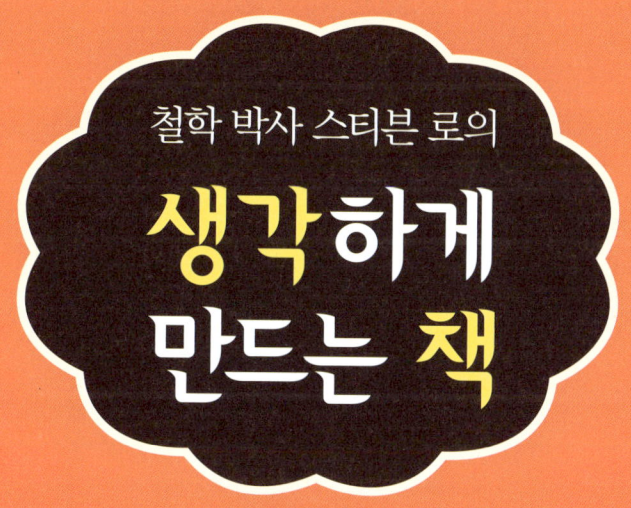

REALLY REALLY BIG QUESTION ABOUT LIFE THE UNIVERSE AND EVERYTHING
Copyright © Macmillan Children's Books 2009

First published in 2012 by Kingfisher, an imprint of Macmillan Children's Books, 20 New Wharf Road, London N1 9RR, England.
All rights reserved.

Korean translation copyright © 2014 by Darim Publishing Co.

This edition is published by arrangement with Macmillan Children's Books, London through Kids Mind Agency, Seoul.

이 책의 한국어판 저작권은 키즈마인드 에이전시를 통해 Macmillan Children's Books와 독점 계약한 도서출판 다림에 있습니다.
저작권법에 의해 한국 내에서 보호를 받는 저작물이므로 어떠한 형태로든 무단 전재와 무단 복제를 금합니다.

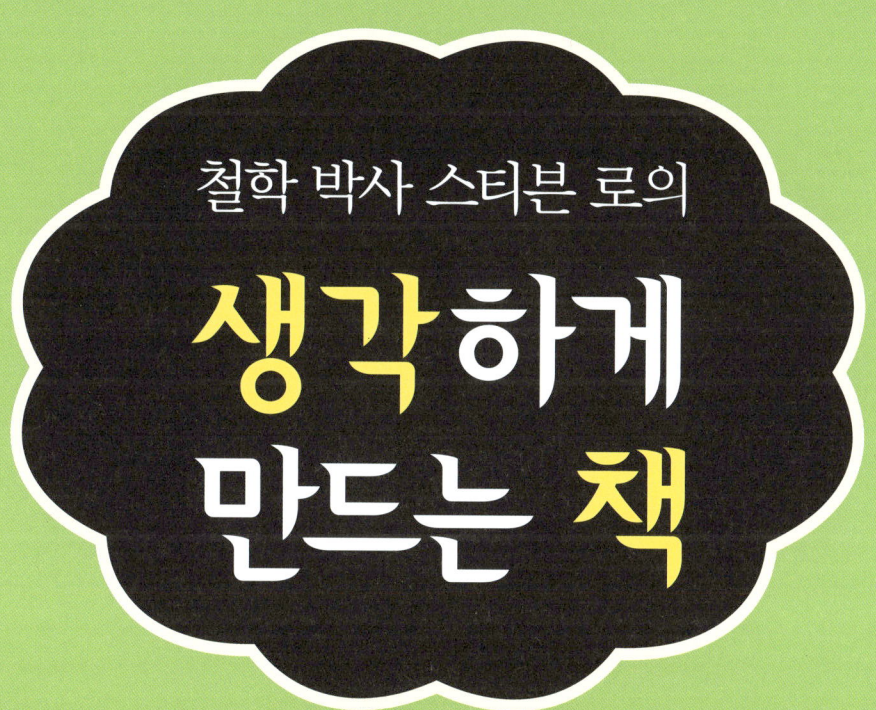

철학 박사 스티븐 로의
생각하게 만드는 책

스티븐 로 글 | 니샨트 촉시 그림 | 이충호 옮김

다림

차례

머리말 세상에서 가장 중요하고 괴상한 질문들   8

제1장 우주에 관한 수수께끼
모든 것은 어디에서 왔을까?   12
빅뱅 이전에는 무슨 일이 있었을까?   14
빅뱅은 어떻게 일어났을까?   15
무란 무엇일까?   15
무가 어떤 것인지 생각할 수 있을까?   17
어떻게 무에서 무엇이 생겨날 수 있을까?   17
우주를 설계한 존재가 있을까?   18
생명은 어떻게 생겨났을까?   21
진화란 무엇인가?   22
우리가 정말로 원숭이였을까?   23

물질은 무엇으로 이루어져 있을까?	24
원자란 무엇인가?	26
모든 것은 물리적 존재일까?	26
생명이 존재하는 의미는 무엇일까?	27

제2장 불가사의한 마음과 생각하는 로봇

박쥐로 살아가는 삶은 어떤 것일까?	32
뇌는 무슨 일을 할까?	34
뇌가 곧 마음일까?	35
로봇도 생각을 할 수 있을까?	36
마음의 힘으로 숟가락을 구부릴 수 있을까?	39
초능력을 가진 사람이 있을까?	39
어떤 방법으로 초능력이 있는 척 속일까?	40

제3장 선과 악, 그리고 추한 것

도둑질은 왜 나쁜가?	44
행복은 얼마나 중요할까?	45
우리도 레밍처럼 살아야 할까?	47
무엇이 옳고 그른지 어떻게 알 수 있을까?	48
동물을 먹는 것은 괜찮을까?	49
과연 돈이 행복을 가져다줄까?	53
사람은 누구나 이기적일까?	54
아기를 설계하는 것은 나쁜 일일까?	55

제4장 보는 것과 믿는 것

지식이란 무엇일까?	60
아는 것은 왜 중요할까?	61
어떤 것을 믿으면 그것이 옳은 것이 될까?	62
우리가 셜록 홈스처럼 행동해야 할 때는?	63
훌륭한 증거만 있으면, 절대로 틀리지 않았다고 확신할 수 있을까?	64
과학자는 공룡이 지구 위를 걸어다녔다는 사실을 증명할 수 있을까?	64
눈에 보이는 것이 항상 옳다고 믿을 수 있을까?	65
비행접시 같은 것이 과연 실제로 있을까?	66
점성술로 미래를 정확하게 알 수 있을까?	68
몸에서 피를 뽑아내면 치료에 도움이 될까?	70
시간 여행이 가능할까?	71

정말로 외계인이 사람을 납치할까?	74
기적이란 게 정말로 있을까?	75
요정은 정말로 있을까?	77
용어 설명	78
생각을 잘하는 비결	83

[머리말]

세상에서 가장 중요하고 괴상한 질문들

　이 책에서는 아주 중요한 질문들을 다룹니다. 지금까지 사람들이 궁금하게 여긴 질문들 중 가장 괴상한 질문들이 포함돼 있지요.

　"세상에 존재하는 모든 것은 어떻게 생겨났을까?", "초능력을 가진 사람이 있을까?", "시간 여행이 가능할까?", "도둑질은 왜 나쁜가?"와 같은 물음에 답을 찾기 위해 고민해 본 적이 있나요? 이 책에서는 바로 그런 질문들을 만날 수 있습니다.

　나, 스티븐 로 박사는 많은 질문에 대한 답을 안다고 확신하지만, 안다고 확신할 수 없는 질문도 많이 있습니다. 사실, 아주 뛰어난 학자들도 아직 그 답을 알지 못해 고민하는 질문들도 많아요.

　그중에는 과학적 질문들도 있어요. 예를 들면 다음과 같은 질문들 말이지요.

　"마음의 힘으로 숟가락을 휘게 할 수 있을까?"

　"물질은 무엇으로 이루어져 있을까?"

　"점성술은 정말로 미래를 정확하게 알 수 있을까?"

　과학자들은 이런 질문들에 대한 답을 얻기 위해 어떤 노력을 할까요? 바로 '관찰'과 '실험'을 통해 답을 알아내려고 해요.

　만약 어떤 사람이 마음의 힘으로 숟가락을 구부릴 수 있다고 한다면, 과학자는 실험을 통해 그 사람의 주장이 옳은지 그른지 확인할 수 있어요. 그 사람을 실험실로 데려와 속임수를 전혀 쓸 수 없는 상황에서 숟가락을 구부려

보라고 하는 거지요. 또 숟가락이 실제로 휘었는지 아닌지 과학적인 기계 장치를 통해 정밀하게 조사할 수도 있어요.

이 책에는 과학적 질문뿐 아니라 철학적 질문도 있어요. 예를 들면 다음과 같은 질문 말이에요.

"우주를 설계한 존재가 있을까?"

"생명의 의미는 무엇일까?"

"아기를 설계하는 것은 나쁜 일일까?"

이 같은 질문들은 흥미로우면서 공통된 특징이 있는데, 그것은 바로 과학만으로는 답을 내놓을 수 없다는 점이에요. 어떤 사람들은 과학이 모든 질문에 답을 내놓을 수 있다고 생각하지만 반드시 그렇진 않아요.

옳고 그름에 관한 질문이 바로 그런 경우예요. 과학자는 관찰과 실험을 통해 많은 것을 알아낼 수 있어요. 또 새로운 것을 만들거나 새로운 일을 가능하게 할 수도 있지요. 예를 들면 과학자는 지금까지 없었던 아주 강력한 폭탄을 만들 수 있어요. 하지만 우리가 그런 폭탄을 꼭 만들어야 하는지, 아니면 절대로 만들면 안 되는지에 대해서는 말해 줄 수 없어요. 이와 같이 윤리적으로 옳고 그름을 판단하는 문제에서 과학은 대체로 할 말이 없어요. 그 답을 찾으려면 다른 방법으로 생각을 해야 해요. 철학자처럼 말이에요.

이 책은 꼭 처음부터 순서대로 읽을 필요는 없어요. 아무 데나 보고 싶은 곳을 펼쳐서 봐도 돼요. 하지만 명심해야 할 게 있어요. 바로 '스스로 생각하도록 노력해야' 한다는 점이에요. 설사 철학 박사인 내가 그 답을 정확하게 안다고 확신하고서 이야기하더라도, 그 답이 정말 옳은지 여러분 스스로가 생각하고 판단하도록 노력해야 해요. 게다가 나는 실수를 종종 저지르는 것으로 유명하니까요.

제1장

우주에 관한 수수께끼

우리는 아주 거대한 우주에서 살고 있어요. 우리가 사는 지구는 태양 주위를 돌고 있어요. 태양은 우리은하 안에 있는 수천억 개의 별 중 하나에 지나지 않아요. 그런데 우주에는 그런 은하가 적어도 1000억 개나 있다고 해요.

이 모든 것은 어떻게 생겨났을까요? 그리고 왜 존재할까요? 이 모든 것은 신이 설계한 것일까요? 그리고 생물은 처음에 어떻게 나타났을까요?

이것들은 이 장에서 살펴볼 질문들 중 일부예요.

모든 것은 어디에서 왔을까?

별이 빛나는 밤하늘을 바라보면서 저 모든 것은 어디에서 왔을까 하고 생각한 적이 없나요? 우주는 왜 존재할까요? 왜 아무것도 존재하지 않는 대신에 뭔가가 존재할까요?

과학자들은 우주가 빅뱅(Big Bang)이라는 거대한 폭발과 함께 생겨났다고 말해요. 빅뱅과 함께 우주의 모든 물질과 에너지는 물론이고, 시간과 공간까지 생겨났다고 말이에요.

"아무것도 없는 상태에서 사과 파이를 만들려고 한다면, 먼저 우주를 만들어야 한다."

칼 세이건(Carl Sagan, 1934 ~ 1996), 미국 천문학자

빅뱅은 약 130억 년 전에 일어났습니다. 130억 년이라면, 100만 년이 1만 3000번이 지나야 하는 시간이에요. 실로 어마어마하게 오래전에 일어난 일이지요.

빅뱅 이전에는 무슨 일이 있었을까?

만약 시간 자체가 빅뱅과 함께 시작되었다면, 빅뱅 '이전'의 시간은 존재할 수 없어요. 아주 괴상한 이야기처럼 들리지요?

보통은 어떤 사건이 일어났을 때, 우리는 그 이전과 이후에 대해 이야기할 수 있어요. 예를 들어 공장에서 폭발이 일어났다고 생각해 보아요. 폭발 이전에 연료가 새어 나오는 사고가 일어났다고 이야기할 수 있어요. 그것이 폭발의 원인이 되었지요. 그리고 폭발 이후에는 소방차가 불을 끄러 출동했다고 이야기할 수 있어요.

하지만 빅뱅은 이런 사건들하고는 성격이 완전히 달라요. 물론 빅뱅 이후에 대해서는 이야기할 수 있어요. 하지만 '빅뱅 이전'은 존재하지 않아요. 빅뱅 자체가 시간의 시작을 알리기 때문이지요.

따라서 빅뱅 이전에는 아무 일도 없었던 것으로 보여요. 그런 일이 일어날 시간이 없었으니까요!

빅뱅은 어떻게 일어났을까?

그렇다면 빅뱅을 일으킨 원인은 무엇일까요? 빅뱅은 어떻게 일어났을까요? 빅뱅 이전에는 시간도 공간도 없었다면 빅뱅은 아무것도 없는 상태, 즉 '무(無)'에서 생겨날 수밖에 없었을 거예요.

그렇다면 어떻게 '무'에서 빅뱅과 우주와 행성, 초콜릿, 컴퓨터, 공룡을 비롯해 '모든 것'이 나올 수 있었을까요? 아무것도 없는 것에서 어떻게 이 모든 것이 나올 수 있을까요? 어떻게 무가 무엇을 만들어 낼 수 있을까요?

무란 무엇일까?

그러니까 처음에는 시간과 공간, 물질과 에너지를 포함해 아무것도 존재하지 않았어요. 거기서 갑자기 '펑!' 하고 우주가 생겨났어요. 아무것도 없던 곳에서 말이에요! 어떻게 그런 일이 일어날 수 있을까요? 아무것도 없는 무에서 어떻게 우주가 생겨날 수 있을까요?

여기서 말하는 무는 아주 기묘하고 특이한 종류의 무가 분명해요.

우리가 평소에 아무것도 없다고 말할 때에는 텅 빈 공간 속에 아무것도 없다는 뜻으로 그렇게 말해요. 즉, 다른 건 아무것도 없이 텅 빈 공간만 존재한다는 뜻이지요. "컵 속에 아무것도 없다."라는 말은 지금 컵 속의 공간이 텅 비어 있다는 뜻이에요. 그 공간에 차나 주스나 물이 들어 있지 않다는 뜻이지요.

그림 제목: 무
그린 사람: 없음

또 "나는 지금 아무것도 하지 않는다."라는 말은 시간 속에서 지금 이 순간 특별한 일을 하고 있지 않다는 뜻이에요.

하지만 "아무것도 없는 대신에 왜 뭔가가 있을까?"라고 물을 때, 우리는 훨씬 기묘한 종류의 무에 대해 이야기하고 있어요.

여기서 우리가 이야기하는 무는 이런 것이에요. 거기에는 단지 물질도 없고 일어나는 사건도 없을 뿐만 아니라, 어떤 것이 존재하거나 어떤 일이 일어

날 수 있는 시간과 공간조차 없는 상태를 말해요.

즉, 완전한 무를 이야기하는 거지요.

무가 어떤 것인지 생각할 수 있을까?

완전한 무가 어떤 것인지 한번 생각해 보세요. 어떤 것인지 감이 잡히나요?

캄캄하고 텅 빈 공간을 생각해서는 안 된다는 사실을 명심하세요. 캄캄하고 텅 빈 공간을 생각한다면, 여러분은 아무것도 없는 상태 대신에 뭔가를, 즉, 캄캄하고 텅 빈 공간을 생각하고 있는 거예요. 하지만 그것은 완전한 무가 아니지요.

나도 완전한 무가 어떤 상태인지 제대로 생각할 수 있을지 자신이 없어요. 그러다가 결국엔 아무것도 생각하지 않는 것으로 끝날 것 같아요.

그래도 여러분은 혹시 생각할 수 있지 않을까요?

어떻게 무에서 무엇이 생겨날 수 있을까?

이 질문에는 뭔가 잘못된 것이 있을지도 몰라요. 만약 우리가 완전한 무가 어떤 것인지 생각할 수 없다면, 그것은 말이 안 되는 개념이기 때문일지도 모르지요. 만약 그렇다면, 이 질문 역시 말이 안 되는 것이 되고 말 거예요.

우주를 설계한 존재가 있을까?

해변을 걷다가 땅에서 시계를 발견했다고 생각해 보세요. 우리는 시계를 보고 시계에 어떤 '목적'이 있을 거라고 생각해요. 시계가 존재하는 어떤 이유(시간을 알려 주는 것)가 있다고 말이지요. 그리고 시계가 그 목적을 위해 정교하게 만들어졌다는 것도 알 수 있어요.

그렇다면 그 시계를 설계한 사람이 있을 거라고 생각하는 쪽이 합리적이지 않을까요? 그건 분명히 그래요. 그 다양한 부품들이 순전히 우연히 생겨나서 저절로 그렇게 조립되었다고 보기보다는 어떤 지적인 존재가 그것을 설계했다고 보는 게 타당하지요.

그렇다면 예컨대 눈에 대해서도 같은 결론을 내릴 수 있지 않을까요? 눈도 어떤 목적(그 눈을 가진 동물이 주위를 볼 수 있게 하는 것)이 있습니다. 그리고 눈은 그 목적에 딱 맞게 만들어져 있습니다.

눈은 많은 부분들로 이루어져 있고, 그 모든 것이 서로 협력하여 눈이 제

기능을 하게 합니다. 따라서 어떤 사람들은 눈 역시 그것을 설계한 존재가 있을 거라고 믿습니다. 또 그 설계자는 지적인 존재임이 틀림없다고 믿어요.

어떤 사람들은 눈과 일반적인 생물뿐만 아니라 우주 전체와 그 안에 있는 모든 것도 설계자가 만들었다고 믿어요. 그들은 지구는 우리가 살아가기에 알맞도록 세심하게 설계되었다고 생각해요. 지구에 적절한 종류의 먹을 것이 있고, 생물이 살아가기에 딱 알맞은 만큼의 물이 존재하고, 공기 중에 숨 쉴 수 있는 산소가 적당한 비율로 포함된 것 등이 그런 증거라고 하면서 말이에요.

사실, 순전히 우연만으로 세상이 우리가 살아가기에 알맞게 만들어질 확률은 아주 낮아요. 따라서 어떤 사람들은 우리를 위해 세상을 설계한 존재가 있는 게 분명하다고 주장해요. 하지만 만약 우주를 만든 설계자가 있다면, 그 설계자는 누가 만들었을까요?

영국의 더글러스 애덤스(Douglas Adams)라는 작가는 웅덩이에 관한 이야기를 한 적이 있어요.

어느 날 아침, 웅덩이의 물이 잠에서 깨어나 다음과 같이 생각했다고 상상해 보자. "내가 있는 이곳, 내가 고여 있는 구멍은 정말 흥미로운 세계로군. 이 구멍은 내가 들어 있기에 딱 알맞은 크기가 아닌가! 놀라울 정도로 나와 딱 들어맞는 걸로 보아 이 구멍은 특별히 나를 위해 만들어진 게 틀림없어!"

여기서 웅덩이에 고인 물은 큰 실수를 저질렀습니다. 구멍이 놀라울 정도로 자신과 딱 들어맞으니 자신을 위해 설계된 게 분명하다고 생각한 거지요. 하지만 그렇지 않다는 건 누구나 알 수 있어요. 애덤스는 "세상이 우리를 위해 얼마나 잘 만들어져 있는지 봐! 그러니 세상은 우리를 위해 설계된 게 틀림없어!"라고 주장하는 사람들도 똑같은 실수를 저지른다고 생각했습니다.

즉, 지구가 우리를 위해 설계되었다고 생각하는 것은 구멍이 웅덩이에 고인 물을 위해 설계되었다고 생각하는 것과 똑같이 잘못된 생각이에요.

생명은 어떻게 생겨났을까?

숲과 정글, 사막, 바다에는 거대한 흰긴수염고래에서부터 작은 보석 같은 곤충에 이르기까지 아주 다양한 생물이 살고 있어요. 그런데 이 많은 종은 어떻게 생겨났을까요?

먼 옛날부터 사람들은 지구에 생물이 어떻게 나타났는지 설명하는 이야기를 지어 냈는데, 그 이야기는 시간과 장소에 따라 제각각 달라요.

고대 그리스에 살았던 펠라스고이 족은 에우리노메(Eurynome)라는 여신이 만물을 만들었다고 믿었어요. 에우리노메는 물 위에서 춤을 추며 바람을 일으켰고 그 바람을 말아 뱀을 만들었어요. 에우리노메는 그렇게 태어난 뱀 오피온(Ophion)과 힘을 합쳐 거대한 알을 낳았지요. 그러자 오피온이 그 알을 친친 감고 쥐어짜 거기서 지구와 모든 동물과 식물을 만들어 냈어요.

성경에서는 하느님이 6일 만에 세상을 창조했다고 이야기해요. 셋째 날에는 모든 식물을 만들었고, 다섯째 날에는 하늘을 나는 동물과 물속에서 헤엄치는 동물을 모두 만들었고, 여섯째 날에는 땅 위에 사는 동물을 모두 만들었지요.

시대와 장소와 종교에 따라 제각각 다른 이 창조 이야기들은 아주 기묘하고 놀라워요. 그런데 이 중에서 '옳은' 이야기가 있을까요?

진화란 무엇인가?

오늘날 과학자들은 지구에서 생물들이 어떻게 생겨났는지에 대해 대부분 같은 생각을 갖고 있어요. 그들은 수백만 년 이상의 시간에 걸쳐 종이 진화라는 과정을 통해 변해서 새로운 종이 나타났다고 말해요.

처음에는 아주 단순한 형태의 생물만 나타났어요. 이 단순한 생물들이 생식을 할 때, 가끔 부모와 조금 차이가 있는 자손이 태어날 때가 있어요. 아무리 작은 차이라도 그것이 아주 긴 시간 동안 쌓이다 보면 큰 차이가 되고, 처음 생물과는 완전히 다르고 더 복잡한 생물이 나타날 수 있어요.

그런데 새로운 종은 왜 이런 식으로 나타날까요?

부르르!

영국의 생물학자인 찰스 다윈(Charles Darwin)은 '자연 선택'이라는 과정을 발견했는데, 이것은 종이 왜 진화하는지 잘 설명해 주어요. 생물이 생식을 할 때 자손은 부모와 약간 달라질 수 있어요. 그런데 그 변화가 그 서식지에서 살아가는 데 유리하다면 다음 세대에 전달될 가능성이 높아요. 따라서 생물은 시간이 지남에 따라 환경에 적응하기 위해 점점 변해 갑니다.

북극곰과 갈색곰의 경우를 살펴볼까요? 두 종은 서로 아주 가까운 관계에 있지만, 북극곰은 추운 기후에서 살아가도록 진화했어요. 북극곰은 털가죽이 두껍고, 눈 위를 걷기 편하도록 발이 크며, 몸을 숨기기에 편리하도록 털빛도 흰색이에요. 하지만 갈색곰은 그런 적응이 발달하지 않았고, 북극 지방에서 오래 살 수 없어요.

우리가 정말로 원숭이였을까?

"과학자들은 우리가 옛날에 원숭이였다고 주장해!"라고 말하는 사람들이 있어요. 하지만 그것은 사실이 아니에요. 과학자들은 우리가 유인원과 '공통 조상'이었던 동물에서 갈라져 나왔다고 말할 뿐이에요.

여러분과 사촌이 같은 할아버지에게서 갈라져 나온 것처럼, 여러분과 동물원의 유인원도 그 뿌리를 거슬러 올라가면 같은 조상에게서 갈라져 나왔어요. 하지만 그 공통 조상은 수백만 년 전에 살았지요.

유인원과 사람은 모두 영장류라는 동물 집단에 속해요. 그리고 이들은 공통적인 특징이 몇 가지 있어요. 예를 들면 손가락과 발가락이 각각 10개씩이고 비교적 납작한 얼굴과 큰 뇌를 갖고 있어요. 하지만 서로 분명하게 구별되는 차이도 있는데, 이런 차이들은 진화 때문에 생겨난 거예요.

과학자들은 살아 있는 동물 중 우리와 가장 가까운 친척은 침팬지라고 말해요. 하지만 이것은 우리가 한때 침팬지였다는 뜻이 아니에요. 지난 600만 년 동안 우리는 침팬지와 서로 다른 길을 걸으며 진화했어요. 하나의 공통 조상에서 침팬지와 호모 사피엔스 사피엔스(우리)가 갈라져 나와 서로 다른 길을 걸어간 것이지요.

물질은 무엇으로 이루어져 있을까?

약 2500년 전의 먼 옛날, 고대 그리스 철학자들은 주변 세계에 대해 많은 의문을 품었어요. 그중에서도 한 가지 중요한 의문은 만물이 무엇으로 이루어져 있느냐 하는 것이었어요.

아낙시메네스(Anaximenes)라는 철학자는 만물이 공기로 이루어져 있다고 생각했어요. 하지만 흙이나 물 같은 것은 아무리 봐도 공기로 이루어진 것 같지 않은데, 왜 그렇게 생각했을까요? 아낙시메네스는 흙과 물은 공기가 수축하여 뭉쳐서 생긴다고 보았어요. 즉, 공기가 충분히 압축되어 뭉치면 물이 되고, 물이 더 압축되어 뭉치면 흙이 된다고 생각한 거지요.

탈레스

아낙시메네스 이전에 탈레스(Thales)라는 철학자는 만물이 물로 이루어져 있다고 생각했어요.

그리고 아낙시메네스 이후에는 헤라클레이토스(Heracleitos)라는 철학자가 만물이 불로 이루어져 있다고 주장했어요.

그러다가 마침내 엠페도클레스(Empedocles)라는 철학자는 이런 주장이 모두 틀렸다고 주장했어요. 그는 세계는 하나가 아니라 흙, 공기, 불, 물의 네 가지 원소로 이루어져 있다고 말했습니다. 그 후 서양에서는 세계가 네 가지 원소로 이루어져 있다는 사원소설이 2000년 이상 큰 인기를 끌었어요.

아낙시메네스

엠페도클레스

헤라클레이토스

원자란 무엇인가?

기원전 420년 무렵에 데모크리토스(Democritos)라는 철학자가 '원자'라는 단어를 만들었어요. 그리스 어로 '쪼갤 수 없는'이란 뜻의 아토모스(atomos)가 바로 그것인데, 원자를 뜻하는 영어 단어 아톰(atom)도 바로 여기에서 유래했어요. 데모크리토스는 물체는 계속 더 작은 조각으로 쪼개 나갈 수 있지만, 결국에는 더 이상 작게 쪼갤 수 없는 단계에 이를 거라고 생각했어요. 그리고 더 이상 쪼갤 수 없고 가장 작은 이 궁극의 알갱이가 바로 만물을 이루는 기본 요소인 '원자'라고 보았지요.

데모크리토스

하지만 오늘날 과학자들은 원자가 최후의 입자가 아니라는 사실을 알아냈어요. 원자는 다시 전자, 양성자, 중성자라는 입자로 이루어져 있어요.

모든 것은 물리적 존재일까?

만물을 단 한 가지 요소로 설명하려는 시도는 아직도 큰 인기를 끌고 있어요. 많은 사람은 모든 것은 크기와 형태 같은 물리적 속성을 지닌 물리적 존재, 즉 물체라고 믿어요.

확실히 많은 것은 물체가 분명해요. 에펠 탑, 사탕, 행성, 개미 등은 모두 물

체예요. 하지만 '사랑'은 어떤가요? '생각'은요? 이것들도 물리적 존재일까요? 사랑은 집어 올리거나 거기에 박치기를 할 수 없어요. 또 생각은 그물로 잡을 수도 없어요. 그런데 '무지개'도 그물로 잡을 수 없긴 마찬가지예요. 무지개는 엄연히 물리적 세계의 일부인데도 말이에요.

생명이 존재하는 의미는 무엇일까?

생명이 존재하는 데에는 어떤 의미가 있을까요? 다시 말해서, 우리는 어떤 목적이 있어서 존재하는 것일까요?

어떤 사람들은 우리가 존재하는 이유가 있다고 믿습니다. 우리는 하느님이 설계해 만든 존재이므로, 하느님을 사랑하고 하느님에게 복종해야 한다는 것이지요.

하지만 못을 박기 위해 만든 망치나 달걀 삶는 시간을 재기 위해 만든 에그 타이머처럼 처음부터 어떤 목적을 위해 만들어진 것과 우리는 다르다고 말하는 사람들도 있습니다. 우리가 이 세상에 존재하는 것은 사실이지만, 우리가 존재하는 이유는 망치나 에그 타이머처럼 정해진 목적이 있어서가 아닙니다. 어떤 목적을 위해 살아가야 하는지에 대한 결정은 바로 우리 자신에게 달려 있어요. 즉, 스스로 우리 자신의 목적과 의미를 선택할 수 있어요.

만약 우리에게 목적이 있다면, 우리의 삶은 의미 있는 것이 될까요? 우리가 어떤 목적을 위해 설계되었다고 가정해 봅시다. 외계인이 어떤 목적

을 위해 지구에서 사람들을 살아가게 했다고 상상해 봐요. 예를 들어 외계인의 더러운 속옷을 빨게 하는 게 그 목적이라고 합시다. 그러면 외계인은 곧 비행접시를 타고 날아와 우리를 납치해 자기네 행성으로 데려갈 거예요. 그리고 우리에게 밤낮으로 더러운 옷을 빨게 하겠지요.

그리고 우리는 외계인의 속옷을 빨면서 그 일을 사랑한다는 사실을 발견합니다. 그 일을 사랑하는 이유는 우리가 냄새 고약한 그 일을 사랑하도록 설계되었기 때문입니다. 우리는 다른 일은 하고 싶지도 않을 거예요. 그리고 열심히 빨래를 하면서 이전에 한 번도 느껴 보지 못한 행복을 느끼겠지요.

우리가 어떤 목적(외계인의 속옷을 빠는 것)을 위해 설계되었다면, 우리의 삶은 정말로 의미 있는 것이 될까요?

그렇지 않아요. 물론 우리는 그 일을 하면서 행복을 느끼고, 자신이 존재하는 목적을 이루겠지만, 그렇다고 해서 그 삶이 의미 있는 것이라고는 말할 수 없어요. 그렇지 않나요?

따라서 어떤 목적을 위한 삶이 곧 의미 있는 삶은 아님을 알 수 있어요.

제2장

불가사의한 마음과 생각하는 로봇

어떤 면에서 내가 가장 잘 아는 것은 내 마음인 것처럼 보여요. 물론 솔직히 말하면, 내가 판단을 잘못할 때도 많아요. 나는 깨어 있다고 생각하지만 실제로는 잠이 들어 꿈을 꾸고 있을 수도 있어요. 하지만 나한테 마음이 있다는 생각만큼은 틀릴 리가 없어요. 그리고 바로 그 생각을 함으로써 내게 마음이 있다는 사실을 증명할 수 있으니까요!

따라서 나는 내게 마음이 있다는 사실을 분명히 확신할 수 있다고 생각해요. 하지만 내 마음은 도대체 무엇일까요? 이 질문은 깊이 생각하면 할수록 머리가 더 복잡해져요…….

박쥐로 살아가는 삶은 어떤 것일까?

우리는 양배추가 할 수 없는 일을 많이 할 수 있습니다. 예컨대 생각을 할 수 있고 감정을 느낄 수 있지요. 그것은 우리가 양배추와 달리 마음을 갖고 있기 때문이에요. 개도 마음이 있어요. 개도 통증을 느끼고 기억을 할 수 있어요. 그런데 동물은 '모두' 마음이 있을까요? 민달팽이와 파리도 마음이 있을까요? 그것은 뭐라고 딱 잘라 말하기가 어려워요!

박쥐는 마음이 있는 것처럼 보여요. 박쥐는 주변 세상을 경험하는 것처럼 보이니까요. 하지만 박쥐의 마음은 어떤 것일까요?

박쥐는 소리를 이용해 주변을 '봅니다.' 박쥐는 찍찍거리는 소리를 내보낸 뒤, 그 소리가 곤충이나 동굴 벽에 반사돼 돌아오는 메아리를 큰 귀로 들어요. 그래서 박쥐는 앞이 보이지 않는 어둠 속에서도 사냥을 할 수 있어요.

우리는 박쥐가 이렇게 소리를 이용해 주변을 본다는 사실을 알지만, 이런 식으로 세상을 경험하면서 살아가는 박쥐의 삶이 실제로 어떤 것인지는 잘 몰라요. 박쥐의 몸속에서

바라본 박쥐의 삶은 어떤 것일까요?

박쥐가 소리를 이용해 주변을 '볼' 때 박쥐 몸속에서 물리적으로 일어나는 일에 대해 우리가 아무리 많은 것을 알더라도 그런 경험 자체가 어떤 것인지는 결코 알 수 없을 거예요. 설사 박쥐의 몸을 갈라 몸 내부 여기저기를 쑤셔 본다 하더라도 말이에요. 그렇다 하더라도 박쥐의 마음은 여전히 꽁꽁 숨겨진 채 드러나지 않을 거예요.

따라서 다른 동물 또는 사람의 마음은 다소 특별한 방식으로 숨겨져 있는 것 같아요. 마음은 이처럼 아주 불가사의해요.

뇌는 무슨 일을 할까?

우리 머리뼈 안에는 물컹물컹한 회색 기관이 있는데, 이것을 뇌라고 불러요. 뇌는 수백억 개의 신경세포(뉴런이라고도 함.)로 이루어져 있는데, 이 신경세포들은 서로 아주 복잡하게 연결되어 그물 같은 조직을 이루고 있어요.

그렇다면 뇌는 무슨 일을 할까요? 뇌는 일종의 중앙 제어실 역할을 하는 것 같아요. 뇌는 몸 전체로 '전기 신호'를 내보냅니다. 예를 들면 여러분이 다리를 꼼지락거릴 때 다리가 그렇게 움직이는 이유는 뇌의 신경세포들이 다리 근육에 그렇게 하라는 신호를 보냈기 때문이에요. 어떤 물체를 볼 때에는 물체에서 나온 빛이 눈으로 들어와 눈 뒤쪽에 있는 망막에 상을 만들어요. 망막에는 빛에 민감한 세포들이 늘어서 있는데, 이 세포들은 빛을 전기 신호로 바꾸어 뇌로 보냅니다. 그러면 뇌는 그 신호를 물체의 모습으로 해석하고, 그래서 우리는 그 물체를 보게 되는 거예요. 그 밖에도 귀에서 오는 신호(소리 정보)와 혀에서 오는 신호(맛 정보)를 비롯해 다양한 신호가 뇌로 들어와요.

뇌는 '마음'과 상호 작용합니다. 그래서 한쪽에 일어난 일이 다른 쪽에 영향을 미칠 수 있어요. 뇌에서 일어나는 일은 분명히 마음에서 일어나는 일에 영향을 미칩니다. 지금 여러분이 이 책을

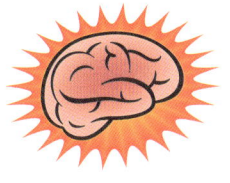

알쏭달쏭한 질문

나는 다리나 팔이나 뇌도 없이 내가 공중에 둥둥 떠다니는 모습을 '상상'할 수 있어요. 이것은 내가 몸이 없어도 실제로 존재할 수 있음을 증명하는 것일까요?

'경험'할 수 있는(책을 보고, 책에 대해 생각하고, 책을 좋아하거나 싫어하는 등) 이유는 눈으로 들어온 빛이 뇌에서 그런 일들을 일어나게 하기 때문이에요.

그리고 마음에서 일어나는 일이 몸에 영향을 미칠 수 있어요. 만약 여러분의 마음이 다리를 움직이기로 결정했다면, 뇌가 전기 신호를 내보내 다리를 움직이게 해요.

뇌가 곧 마음일까?

이렇게 마음과 몸은 상호 작용합니다. 그런데 혹시 뇌가 곧 마음이 아닐까요?

여러분이 어떤 경험, 예컨대 아주 맛있는 오렌지를 맛보는 경험을 했다고 합시다. 그 경험은 단지 뇌에서 일어나는 어떤 일에 불과할까요? 그것은 단지 일부 신경세포들이 신호를 발사하는 일에 불과할까요?

여러분은 오렌지 맛을 느끼면서 그것이 뇌에서 신경세포들이 신호를 발사해서 생기는 경험이라는 생각이 드나요? 그런 생각은 들지 않을 거예요. 그렇다고 해서 뇌에서 어떤 일이 일어나지 않는다는 뜻은 아니에요. 사실, 세상의 모든 일은 그 실체가 겉보기와 다른 경우가 많아요. 우리는 지구가 돌고 있다는 사실을 느끼지 못하지만, 사실은 지구가 아주 빠른 속도로 태양 주위를 돌고 있는 것처럼요.

따라서 우리가 경험하는 것은 뇌에서 일어나는 일처럼 '보이지' 않더라도, 실제로는 뇌에서 일어나는 일이에요. 어쩌면 '우리 마음은 뇌와 같은' 것일지도 몰라요.

여기에 대해 철학자들과 과학자들은 의견이 달라요. 여러분은 어떻게 생각하세요?

로봇도 생각을 할 수 있을까?

과학자들이 놀라운 로봇을 발명했다고 상상해 보세요. 로봇의 머릿속에는 전선과 컴퓨터 칩으로 만든 뇌가 들어 있어요. 이 로봇 뇌는 사람 뇌와 똑같은 일을 하도록 설계돼 있어요. 로봇 뇌는 귀와 눈, 코, 혀, 피부에서 오는 전기 신호를 받아들여요. 그리고 로봇의 몸에 걷고 말하고 움직이라는 전기 신호를 보내지요. 따라서 로봇은 정상적인 사람과 똑같이 행동해요. 다만 몸이 살과 피와 뼈로 만들어지지 않은 것만 다를 뿐이에요. 로봇의 몸은 금속과 플라스틱으로 만들어졌어요.

이 로봇에게 "안녕? 이름이 뭐니?"라고 물어보면 어떻게 될까요? 로봇 귀는 정상적인 사람 귀처럼 여러분의 목소리를 듣고 그것을 전기 신호로 바꿔 뇌로 보내요. 그러면 로봇 뇌는 사람 뇌와 똑같은 반응을 보이면서 입으로 전기 신호를 보냅니다. 그래서 로봇은 정상적인 사람처럼 여러분에게 대답을 할 것입니다. 이 로봇은 '생각을 할 수 있는 것처럼' 보일 거예요.

사람처럼 보이는 플라스틱 피부 안에 이 로봇을 집어넣는다면, 로봇은 완전한 사람처럼 보일 테고, 아무도 로봇이 사람이 아니라는 걸 눈치채지 못할 거예요.

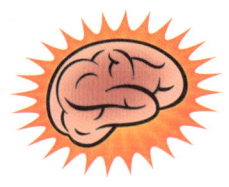

알쏭달쏭한 질문

만약 이 로봇의 스위치를 꺼 영원히 정지시킨다면, 이것은 살인을 저지른 것일까요?

물론 이 로봇은 혈관이나 심장, 폐에 혈액이 흐르지는 않아요. 또 먹거나 마시지도 않아요. 아무리 사람처럼 보이고 행동한다 하더라도, 로봇은 플라스틱과 금속으로 만든 '기계'일 뿐이에요.

따라서 비록 로봇이 사람처럼 보인다 하더라도 사람은 아니에요. 그렇다면 로봇이 사람처럼 생각하는 것 같아도 정말로 생각하는 것이 아니란 뜻일까요?

어떤 사람들은 그렇다고 대답할 거예요. 로봇은 마음이 있는 것처럼 '행동'하지만 진짜로 생각을 하거나 감정을 느끼는 건 아니라고요. 로봇은 그저 자신이 생각하고 느낀다고 '착각'하는 기계에 불과하다는 것이지요.

하지만 그렇게 생각하지 않는 사람들도 있어요. 이들은 어떤 종류의 '재료'로 만들어졌는지는 중요하지 않다고 말합니다. 그보다는 어떤 일을 '할' 수 있느냐가 중요하다고 주장하지요. 이 로봇은 우리와 똑같이 행동합니다. 따라서 만약 우리에게 마음이 있다면 로봇도 마음이 있다면, 해야 당연하다는 게 이들의 주장입니다.

만약 이 로봇에게 마음이 없다고 생각한다면, 이 로봇이 진정한 생각이나 경험을 하는 존재가 되기 위해 어떤 것이 더 필요하다고 생각하나요? 이 로봇이 '정말로' 생각을 하려면, 어떤 변화가 더 필요할까요?

마음의 힘으로 숟가락을 구부릴 수 있을까?

나는 할 수 없다고 생각하지만, 여러분은 혹시 할 수 있는지 한번 시도해 보세요. 지금까지 과학 실험실에서 마음의 힘으로 숟가락을 구부릴 수 있음을 증명한 사람은 아무도 없습니다. 나는 사람들이 염력으로 숟가락을 구부리는 장면을 본 적이 있어요. 하지만 대부분은 그저 마술을 사용한 눈속임이었어요.

가장 간단하고 쉬운 숟가락 구부리기 눈속임을 하나 소개할게요. 숟가락 목 부분(우묵한 부분 바로 아래 지점)을 손에 쥐고 앞뒤로 흔들어 보세요. 그러면 숟가락이 휜 것처럼 보일 거예요.

초능력을 가진 사람이 있을까?

초능력이 있다고 주장하는 사람들이 있어요. 심지어 자신이 죽은 사람의 영혼과 대화를 나눌 수 있다고 주장하는 사람도 있어요. 또 미래를 보는 예지 능력이 있다고 주장하는 사람도 있지요. 그중 어떤 사람들은 텔레비전에 출연하고 신문에 글을 쓰기도 해요. 또 어떤 사람들은 상담 전화 서비스를 운영하면서 돈을 벌어요. 이들은 비싼 요금을 지불하고 전화를 걸면, 죽은 가족에 대한 이야기를 들려주거나 미래에 일어난 일을 알려 준다고 선전해요.

하지만 이 사람들은 '정말로' 초능력이 있을까요? 사실, 텔레비전에 나오는 초능력자들의 놀라운 능력은 마술 쇼를 보는 것보다 못할 때가 많아요. 하지만 마술사는 초능력이 있다고 주장하지 않습니다. 마술사는 단지 특별한 속임수를 사용해 그런 '환상'을 만들어 낼 뿐이에요. 여러분도 마술사가 사람을 사라지게 하거나 다른 사람의 마음을 읽는 묘기를 부리는 걸 본 적이 있을 거예요. 그들이 사용하는 속임수는 정말로 놀랍지만(나로서는 어떻게 그렇게 하는지 짐작하기도 힘들어요.), 그것은 어디까지나 속임수일 뿐이에요.

어떤 방법으로 초능력이 있는 척 속일까?

마술사가 초능력이 있는 것처럼 보이기 위해 사용하는 속임수 중 하나는 '콜드 리딩(cold reading)'이에요. 간단한 예를 살펴볼까요?

심령술사: 여기 그 사람의 혼령이 왔어요. 이름이 존인가?

메리: 어······.

심령술사: 아니, 짐이라고 했던가?

메리: 맞아요! 예전에 살았던 삼촌 이름이 짐이에요!

심령술사: 맞아요. 이 영혼은 당신의 삼촌 짐이에요. 잘 지냈느냐고 인사를 하네요.

메리: 우아! 믿을 수가 없군요!

"나는 사람들을 속이는 기술을 쓸 때가 많지만, 내가 정직하지 않다는 사실을 늘 정직하게 인정합니다. 나는 기분 좋게 속임수를 인정해요. 그것은 마술의 일부니까요."

데런 브라운(Derren Brown, 1971 ~), 영국의 마술사

메리는 심령술사가 자기에게 죽은 삼촌이 있다는 사실을 알아냈고, 그 영혼과 대화를 나눈다고 생각할지 몰라요. 하지만 자세히 살펴보세요. 심령술사가 한 일이라곤 영국에서 흔한 이름 두 개를 말한 것밖에 없어요. 메리가 첫 번째 이름을 가진 사람을 모르자 심령술사는 다른 이름을 댔어요. 심령술사는 그 사람이 죽었는지 살았는지 혹은 메리와 어떤 관계인지에 대해서조차 말하지 않았어요. 그 정보를 준 사람은 바로 메리였어요. 하지만 심령술사는 영리하게도 마치 자신이 모두 알고 있었던 것처럼 '보이게' 했어요.

제3장

선과 악, 그리고 추한 것

"이봐, 그건 나쁜 짓이야!"

톰이 릴리의 자전거를 훔치는 걸 보고 우리는 이렇게 말합니다. 하지만 무엇이 나쁘다고 말할 때, 그것은 무엇을 뜻할까요? 그리고 무엇이 나쁘다는 것을 우리는 어떻게 알까요? 그리고 옳은 것은 무엇일까요? 만약 누가 물건을 훔치는 것은 나쁜 일이 아니라고 말한다면, 그 생각이 틀렸다는 것을 어떻게 알려 줄 수 있을까요?

이 장에서는 굉장히 까다로운 질문들을 만날 거예요.

도둑질은 왜 나쁜가?

우리는 "진실을 말하는 것은 옳은 일이야."라고 말하고, "도둑질을 하는 것은 나쁜 일이야."라고 말합니다. 일반적으로 이것들은 우리야 '해야' 하는 일과 '해서는 안 되는' 일입니다.

그런데 '왜' 우리는 진실을 말해야 할까요? '왜' 도둑질을 하면 안 될까요? 진실을 말하는 것은 옳고, 거짓말을 하는 것은 나쁜 이유는 무엇일까요?

어떤 사람들은 그 기준이 '결과'에 달려 있다고 생각합니다. 톰은 릴리의 자전거를 훔쳤습니다. 자전거를 훔침으로써 톰은 행복했겠지요. 하지만 대신에 릴리를 매우 불행하게 만들었어요. 그리고 릴리의 친구들도 자기 자전거를 도둑맞을까 봐 걱정하게 되었어요. 그래서 그들 역시 불행해졌어요.

따라서 톰이 릴리의 자전거를 훔친 결과로 '전체의 행복'이 줄어들었어요. 어떤 사람들은 이 이유 때문에 톰이 자전거를 훔친 것은 나쁜 짓이라고 생각합니다. 우리는 많은 사람들을 행복하게 하는 일을 해야 하고 불행하게 하는 일을 하지 말아야 한다는 것이지요.

행복은 얼마나 중요할까?

 물론 일반적으로 행복은 아주 중요해요. 하지만 옳은 것과 그른 것을 판단할 때 고려해야 할 요소가 과연 행복뿐일까요?

 다음과 같은 예를 한번 생각해 보세요. 세라 학급에 큰 문제가 생겼어요. 누가 칠판에 선생님 그림을 그렸는데, 당나귀 귀에 돼지 꼬리가 달린 모습으로 그렸어요.

 선생님은 누가 그 그림을 그렸는지 말하지 않으면, 모든 학생에게 일주일 동안 벌을 줄 거라고 이야기했어요. 대신에 누가 그렸는지 말한다면, 그림을 그린 학생만 일주일 동안 벌을 주겠다고 했어요.

 세라는 그림을 그리지 않았어요. 그 시간에 세라는 선생님과 함께 도서실에 있었거든요. 그래서 자기가 그렸다고 나섬으로써 나머지 학생들을 구할 수도 없어요. 하지만 거짓말로 샐리가 그림을 그렸다고 선생님한테 말할 수 있어요. 그러면 샐리는 벌을 받겠지만, 나머지 학생들은 벌을 피할 수 있겠지요. 그렇다면 세라는 샐리가 그림을 그렸다고 거짓말을 해야 할까요?

 설사 그럼으로써 반 전체가 더 행복해진다고 하더라도, 남이 하지 않은 일

을 했다고 거짓말을 하는 것은 나쁜 일이 틀림없어요.

따라서 도덕적으로 본다면, 옳고 그름은 순전히 행복만을 기준으로 판단해서는 안 돼요.

우리도 레밍처럼 살아야 할까?

레밍은 서로의 행동을 따라 하는 습성이 있다고 합니다. 그래서 한 마리가 절벽에서 뛰어내리면, 나머지 레밍들도 모두 따라서 뛰어내린다고 해요.

우리도 레밍처럼 살아야 할까요? 다른 사람들이 하는 대로 똑같이 따라 하기만 하면 옳을까요? 만약 그렇다면 무엇이 옳고 그른지 판단하기가 참 쉬울 거예요. 예를 들어 슈퍼마켓에서 물건을 훔치는 게 옳은지 그른지 알고 싶다면, 다른 사람들이 어떻게 하는지 관찰하면서 똑같이 따라 하기만 하면 되니까요.

하지만 다른 사람들이 모두 한다고 해서 그 행동이 항상 옳은 것은 아니에요. 가끔 사람들은 다른 사람들에게 잔인하거나 비열한 짓을 해요. 그래서 다른 사람들을 노예처럼 다루기도 하고 심지어 죽이기까지 해요. 만약 주변에 있는 사람들이 그런 사람들이라면, 여러분도 똑같이 행동할 건가요? 당연히 그래서는 안 되겠지요!

여러분은 레밍이 아니라는 사실을 명심하세요. 무엇이 옳고 그른지 늘 스스로 잘 생각해서 판단해야 해요.

무엇이 옳고 그른지 어떻게 알 수 있을까?

무엇이 옳고 그른지 판단해야 할 때, 다른 사람의 말을 그대로 믿는 게 좋을까요?

늘 그렇진 않아요. 물론 다른 사람의 말을 듣는 게 좋을 때도 많습니다. 특히 부모님의 말씀이라면요. 하지만 살다 보면 권한을 가진 사람들이 여러분에게 해서는 안 되는 일을 하라고 강요할 때도 있어요.

유명한 예를 하나 소개할게요. 1955년 당시에 미국에서 흑인은 심한 차별 대우를 받았어요. 많은 백인은 흑인을 자기들보다 못한 사람이라고 여겼어요. 그래서 버스에서 흑인은 백인에게 자리를 양보해야 했어요.

1955년 12월 1일, 앨라배마 주에서 일어난 일입니다. 버스 운전기사가 로자 파크스(Rosa Parks)라는 흑인 여성에게 백인 승객한테 자리를 양보하라고 말했어요. 하지만 로자는 거부했고 경찰에게 체포되었어요. 그러자 이 일이 계기가 되어 인종 차별에 대한 분노가 폭발해 큰 시위가 일어났고, 결국 흑인도 백인과 동등한 권리를 인정받게 되었어요.

권한을 가진 사람이 그렇게 하라고 지시했다고 해서 로자는 백인에게 자리를 양보했어야 할까요? 당연히 그래서는 안 되죠!

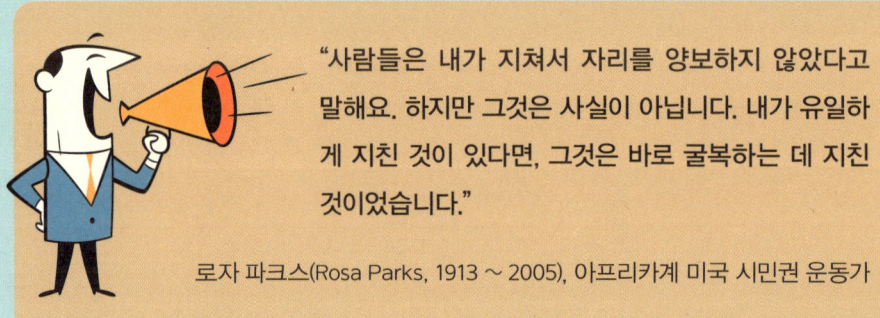

"사람들은 내가 지쳐서 자리를 양보하지 않았다고 말해요. 하지만 그것은 사실이 아닙니다. 내가 유일하게 지친 것이 있다면, 그것은 바로 굴복하는 데 지친 것이었습니다."

로자 파크스(Rosa Parks, 1913 ~ 2005), 아프리카계 미국 시민권 운동가 따라서 그저 다른 사람들이 하는 대로 따라 하거나 권한을 가진 사람들이 시키는 대로 하는 것이 반드시 옳은 것은 아니에요. 만약 그렇게 하는 게 옳다면, 우리는 살아가기가 훨씬 쉬울 거예요. 무엇이 옳고 그른지 고민할 필요가 없을 테니까요. 그저 지시대로 하거나 다른 사람들이 하는 대로 따라 하기만 하면 될 테니까요.

하지만 불행하게도 무엇이 옳고 그른지 판단하는 것은 그렇게 쉽지가 않아요. 올바른 판단을 하려면 스스로 깊이 생각해야 해요.

동물을 먹는 것은 괜찮을까?

많은 사람들이 동물을 사랑합니다. 개, 고양이, 토끼, 기니피그 같은 애완동물을 기르는 사람도 많아요. 우리는 동물을 잘 돌보려고 애쓰고, 혹시라도 아프거나 차에 치이지 않을까 신경을 씁니다.

그런데 왜 우리는 동물에게 그토록 신경을 쓸까요? 도대체 우리가 동물에게 그토록 신경을 써야 할 이유가 뭘까요? 어쩌면 동물도 우리처럼 행복이나 슬픔, 고통을 느끼기 때문일지 모릅니다. 내가 기르는 고양이 몰리는 통증을 느낍니다. 그래서 내가 실수로 꼬리를 밟으면 비명을 지르지요. 또 내가 먹이를 주면 매우 행복해하고, 깜빡하고 주지 않으면 짜증을 부립니다.

만약 동물이 고통과 행복과 슬픔을 느낀다면, 마음 내키는 대로 동물을 함부로 다뤄서는 안 되겠지요. 동물을 대할 때에는 동물이 느끼는 고통이나 행복, 슬픔도 고려해야 해요.

하지만 우리는 동물을 잘 돌봐야 한다고 생각하는 반면, 대다수 사람들은 동물을 죽이고 먹어도 괜찮다고 생각해요. 사실, 우리가 기른 뒤에 죽여서

먹는 동물은 매년 수십억 마리나 되어요. 우리가 동물을 먹는 주요 이유는 고기가 맛있기 때문이에요.

하지만 모두가 이런 행동이 괜찮다고 생각하진 않아요. 실제로 어떤 사람들은 동물을 먹는 것이 나쁘다고 생각합니다. 이런 사람 중에는 고기를 먹지 않는 채식주의자가 많습니다. 심지어 달걀, 치즈, 우유도 먹지 않고 동물을 재료로 만든 제품을 절대로 사용하지 않는 엄격한 채식주의자도 있습니다. 이들을 비건(vegan)이라고 불러요.

하지만 동물을 먹어야 하느냐 말아야 하느냐 하는 문제에서 어느 쪽이 옳은지 어떻게 판단할 수 있을까요? 사람을 죽이고 먹는 것이 나쁘다는 데에는 모두가 동의할 것입니다. 하지만 많은 사람은 다른 동물을 먹는 것은 괜찮다고 생각합니다. 만약 동물을 먹는 것이 괜찮다면, 사람과 다른 동물 사이에 무슨 '차이'가 있길래 사람은 먹으면 안 되고 동물은 먹어도 괜찮을까요? 여러분은 그 차이가 무엇이라고 생각하나요?

과연 돈이 행복을 가져다줄까?

어떤 사람들은 돈이 많으면 행복하게 살 수 있다고 생각합니다. 돈이 많다면 힘들게 일할 필요가 없고, 매일 하고 싶은 일을 하면서 살 수 있을 테니까요.

하지만 돈이 많다고 해서 과연 더 행복해질까요? 조사한 바에 따르면, 갑자기 큰돈을 번 사람은 잠깐 동안은 행복을 느끼지만, 그 행복은 오래가지 않는다고 해요. 돈이 많으면 좋은 집과 비싼 차를 살 수 있고 매일 놀면서 살 수 있지요. 하지만 이런 것들은 금방 익숙해져요. 새것을 사면서 느낀 행복은 금방 사라지고 결국은 이전보다 더 행복하다는 느낌이 들지 않아요.

물론 모든 사람은 음식과 집을 얻고 휴일을 즐기는 등 기본적인 생활을 위해 돈이 어느 정도 필요해요. 사람들은 큰돈을 벌면 더 행복해질 것이라고 생각해요. 하지만 그 행복을 느끼는 시간은 잠깐 동안에 그치고 계속 이어지지는 않아요.

그렇다면 우리에게 적당한 행복을 오랫동안 느끼게 해 주는 것에는 어떤 것이 있을까요? 한번 생각해 보세요.

사람은 누구나 이기적일까?

어떤 사람들은 사람은 본질적으로 이기적이라고 생각해요. 그들은 "사람이 어떤 일을 하는 이유는 오로지 더 행복해지기 위해서이다."라고 말합니다.

물론 사람들은 남을 돕기도 합니다. 메리가 어린이들에게 크리스마스 선물을 주고 싶어 고아원에 돈을 기부했다고 합시다. 메리는 어린이들을 행복하게 하기 위해 그런 행동을 한 것이 아닌가요?

사람은 누구나 이기적이라고 믿는 사람들은 그렇게 생각하지 않습니다. 그들은 메리가 기부를 한 이유는 단지 자신이 더 행복해지기 위해서라고 말합니다. 기부를 하면 자신뿐만 아니라 남들도 메리를 관대하고 친절한 사람으로 생각할 테니까요. 그들은 "따라서 메리는 이기적으로 행동한 것입니다. 그녀는 여전히 자신만 생각하고 있어요!"라고 주장합니다.

모든 사람이 오로지 자신의 행복만 추구한다는 주장은 사실일까요? 그렇지 않습니다. 먹으면 자신이 많은 돈을 기부했다는 착각에 빠지는 약이 발명되었다고 상상해 봅시다. 그리고 메리에게 그 약을 먹을지 아니면 실제로 고아원에 기부할지 물어보면, 메리는 어느 쪽을 선택할까요?

만약 메리가 정말로 자신의 행복만 생각한다면 알약을 선택할 것입니다. 그러면 돈도 절약하면서 자신이 고아원에 기부했다는 생각에 젖어 행복을 느낄 수 있을 테니까요. 하지만 메리는 절대로 약을 선택하지 않을 것이고, 여러분도 그러지 않으리라고 나는 생각합니다.

물론 다른 사람들을 행복하게 하면 나도 행복을 느끼는 것은 사실이에요. 하지만 우리가 남을 돕는 것은 단지 그런 이유 때문만이 아니에요. 따라서 우리는 일부 사람들이 생각하는 것처럼 완전히 이기적인 동물이라고 단정하기는 어려워요.

아기를 설계하는 것은 나쁜 일일까?

과학자들이 새로운 인간을 설계하는 날이 곧 올지도 몰라요. 아기는 정자와 난자가 결합한 하나의 세포에서 생겨나는데, 이 최초의 세포에 들어 있는 유전자를 인위적으로 변화시키면, 그 세포에서 만들어질 사람의 여러 가지 특징도 변화시킬 수 있어요.

지금 당장은 세포를 마음대로 조작할 만큼 기술이 충분히 발전하지 않았어요. 하지만 태어날 아기의 눈이나 머리카락 색깔, 지능, 심지어는 아름다움까지도 선택할 수 있는 날이 곧 올지 몰라요. 어쩌면 과학자들은 못생긴 사람이 아예 태어나지 않게 할지도 모르지요.

하지만 부모에게 태어날 아기의 특징을 이렇게 선택하도록 허용해야 할까요? 다시 말해서, 자신의 아기를 설계하도록 허용해야 할까요? 일부 사람들은 이렇게 주장합니다.

"안 됩니다! 사람은 핸드백이나 코트 같은 물건이 아닙니다! 핸드백이나 코트 같은 물건을 설계하는 건 아무 문제가 없지만, 아기를 설계하는 것은 완전히 차원이 다른 문제입니다. 사람은 아주 소중한 존재이므로 절대로 패션 상

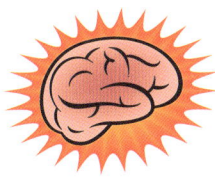

알쏭달쏭한 질문

프랑켄슈타인 같은 이야기는 인간이 자연에 간섭하는 게 잘못이라고 주장하는 것일까요?

품처럼 다루어서는 안 됩니다. 어느 누구에게도 아기를 설계하도록 허용해서는 안 됩니다!"

여러분도 이 의견에 동의하나요? 사람을 옷 같은 물건과 똑같이 여기는 것은 분명히 잘못된 일입니다. 단지 자신이 좋아하는 코트와 어울리도록 하기 위해 파란 눈을 가진 아기를 선택한다면, 그 사람은 매우 이기적이고 천박한 사람입니다.

하지만 자신이 아니라 아기를 돕기 위해 설계하는 것은 어떨까요?

우리는 부모가 아이들을 좋은 학교에 보내거나 치아 교정을 해 주거나 하여 똑똑하고 아름답게 자라도록 돕는 일을 나쁘다고 생각하지 않습니다.

하지만 만약 아기가 태어난 후에 학교나 치과를 이용해 똑똑하고 아름답게 자라도록 돕는 게 괜찮다면, 처음부터 과학을 이용해 아기를 그런 식으로 설계하는 것은 왜 잘못일까요? 그것은 정말로 나쁠까요? 이 문제에 대해서는 찬성과 반대 의견이 서로 팽팽하게 맞서고 있어요!

제4장

보는 것과
믿는 것

    이 장에서 다루는 질문들은 대부분 지식에 관한 것이에요.

    사람들은 자신이 많은 것을 안다고 주장해요. 나는 파리가 프랑스 수도란 사실을 압니다. 어떤 사람들은 점성술이 옳다거나 자신이 외계인에게 납치당했다거나 기적이 일어날 수 있다고 주장해요. 심지어 요정이 실제로 존재한다고 주장하는 사람도 있어요!

    그런데 지식이란 무엇일까요? 그리고 우리가 무엇을 '정말로' 제대로 아는지 어떻게 알 수 있을까요?

지식이란 무엇일까?

내가 하늘을 날 수 있다고 믿는다고 합시다. 그래서 나는 지붕 위에서 뛰어내렸다가 땅에 떨어져 다리가 부러졌어요. 나는 하늘을 날 수 있다고 믿었지요. 그렇다면 나는 내가 하늘을 날 수 있다는 사실을 알았던 것일까요?

그렇지 않아요. 참된 지식이 아닌 것을 믿는 것은 안다고 말할 수 없어요.

그렇다면 지식이란 무엇일까요? 그것은 참된 믿음일까요? 그것만으로는 충분하지 않아요. 누가 내게 어떤 카드가 빨간색인지 검은색인지 알아맞혀 보라고 했다고 합시다. 나는 그 카드가 검은색이라고 추측했고, 카드를 뒤집었더니 정말로 검은색이었어요. 그렇다면 나는 그 카드가 검은색인 걸 제대로 알았던 걸까요? 아닙니다. 아무렇게나 찍은 것이 운이 좋아 들어맞은 것뿐이지요. 그렇다면 어떤 사실이 지식이 되기 위해서는 또 어떤 것이 더 필요할까요? 예를 통해 생각

해 보기로 해요.

존은 식탁 위에 컵이 하나 있다는 사실을 알아요. 그것을 어떻게 알까요? 바로 직접 눈으로 보고 알지요. 우리가 어떤 것을 제대로 알 수 있는 한 가지 방법은 시각이나 청각, 촉각 같은 감각을 통해 사물을 직접 관찰하거나 경험하는 것이에요.

왜 이 경우는 참된 지식이라고 말할 수 있을까요? 아마도 존의 믿음은 내가 카드 색을 추측한 것처럼 순전히 운으로 알아맞힌 게 아니기 때문일 거예요. 존은 식탁 위에 컵이 있다는 사실을 직접 두 눈으로 확인했으니까요.

이처럼 관찰은 지식을 얻는 중요한 한 가지 방법이에요.

아는 것은 왜 중요할까?

자기가 마음대로 믿고 싶은 것을 믿고, 그것이 옳은지 그른지 알려고 노력하지 않는다면, 여러분은 곧 큰 어려움에 빠질 거예요.

만약 팔을 퍼덕이는 것만으로 하늘을 날 수 있다고 믿는다면 여러분은 얼마 살지 못하고 세상에서 사라지겠지요.

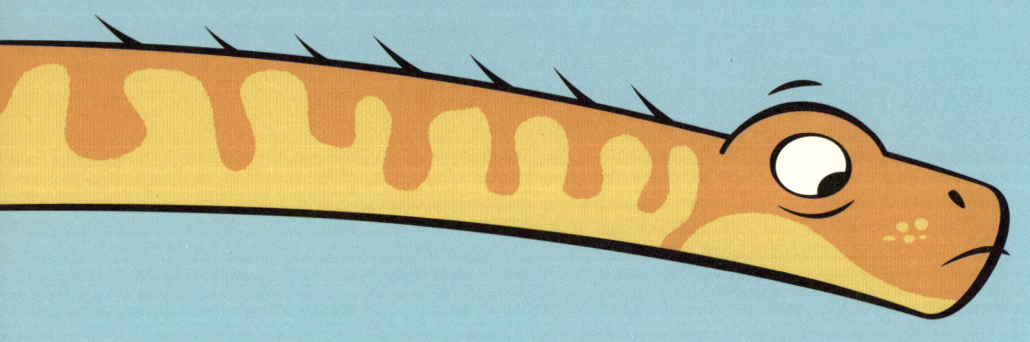

어떤 것을 믿으면 그것이 옳은 것이 될까?

가끔은 그럴 수 있어요. 개울을 뛰어 건너야 할 때, 아무래도 성공하지 못할 것 같다고 생각하면 정말로 실패할 가능성이 높아요. 자신감은 성공하는 데 도움을 줄 수 있어요. 자신이 성공할 것이라고 정말로 믿는다면, 그 믿음이 실제로 이루어질 가능성이 높아지거든요.

물론 이것은 특별한 경우예요. 대개는 단순히 믿는 것만으로는 어떤 것이 옳은 것이 되진 않아요. 설사 모든 사람이 다 믿는다 하더라도 말이에요. 만약 모든 사람이 하늘을 날 수 있다고 믿고서 모두 함께 절벽에서 뛰어내린다고 해도, 우리는 모두 땅으로 추락하고 말 테니까요.

"아아악!"

우리가 셜록 홈스처럼 행동해야 할 때는?

때로는 그냥 '보는' 것만으로도 어떤 것이 참인지 거짓인지 알 수 있어요. 예를 들면 지금 나는 내 앞에 책이 놓여 있는 것을 보고 그 사실을 압니다.

하지만 직접 볼 수 없을 경우에는 어떻게 해야 할까요? 바로 이럴 때 우리는 위대한 탐정인 셜록 홈스처럼 행동하면서 증거를 찾을 필요가 있어요.

우리는 시간을 거슬러 지구의 먼 과거를 볼 수 없어요. 공룡이 살아 움직이는 걸 본 사람은 아무도 없어요. 하지만 우리는 먼 옛날에 공룡이 지구 위를 걸어다녔다는 사실을 알아요. 그 사실을 뒷받침하는 증거가 있기 때문이지요. 땅속에 묻혀 있는 공룡 화석과 오래된 암석에 찍힌 발자국 화석이 바로 그 증거지요.

우리는 미래도 볼 수 없어요. 내일이 오기 전에 내일 일어날 일을 경험할 수는 없어요. 그렇다면 지금 내가 앉으려고 하는 의자에 대해 생각해 보기로 해요. 내가 앉아도 의자가 무너지지 않고 나를 떠받치리란 사실을 어떻게 알 수 있을까요? 이 경우에도 증거에 의존해야 해요. 의자가 나를 떠받칠 것이라고 믿는 이유는 지금까지 죽 그래 왔기 때문이지요.

훌륭한 증거만 있으면, 절대로 틀리지 않았다고 확신할 수 있을까?

그렇지 않아요. 아주 훌륭한 증거가 어떤 사실을 뒷받침한다 하더라도, 반드시 그 사실이 옳다고는 할 수 없어요.

내가 앉으려고 한 의자를 다시 생각해 봐요. 나는 그 위에 앉아도 의자가 나를 떠받칠 것이라고 믿으며, 이 믿음을 뒷받침하는 훌륭한 증거도 있어요. 의자는 튼튼해 보이고 지금까지 한 번도 무너진 적이 없었다는 게 증거지요.

하지만 의자는 언젠가 무너질 수 있어요. 어쩌면 그동안 나무를 파먹는 벌레가 의자를 갉아먹었는지도 몰라요. 하지만 드러난 증거를 보면 그럴 가능성은 아주 낮아요. 나는 여전히 의자가 내 무게를 충분히 지탱할 수 있다고 믿을 만한 근거가 충분히 있어요.

따라서 단지 우리가 틀릴 가능성이 있다는 이유만으로 어떤 사실을 뒷받침하는 증거가 무효가 되진 않아요. 또 그것이 옳다고 믿는 행동이 틀렸다고 할 수도 없어요.

과학자는 공룡이 지구 위를 걸어다녔다는 사실을 증명할 수 있을까?

"과학자는 아무것도 증명할 수 없어! 실제로 보지 않은 것은 아무것도 증명할 수 없어! 따라서 공룡이 지구 위를 걸어다녔다는 사실도 증명할 수 없어!"라고 주장하는 사람이 가끔 있습니다.

과연 그럴까요? 물론 과학자들이 뭔가를 잘못 생각하거나 판단할 가능성

"증거를 모두 얻기 전에 가설을 만드는 것은 잘못이라네."

아서 코넌 도일(Arthur Conan Doyle)의 소설 『주홍색 연구』에서 셜록 홈스가 한 말.

은 항상 있어요. 하지만 그렇다고 해서 그들에게 훌륭한 증거가 없다고 할 수는 없어요. 과학자들은 어떤 것이 확실히 옳다고 믿을 만큼 충분히 훌륭한 증거를 많이 찾아냈어요.

법정에서도 어떤 범죄자는 범행을 저지르는 것을 본 사람이 아무도 없는데도 유죄 판결을 받고 교도소로 갑니다. 증거만 충분하다면, 재판관과 배심원단은 그 사람이 유죄라고 확신하고 교도소로 보내지요. 이럴 때 우리는 '합리적 의심의 여지가 없이' 그 사람의 유죄가 입증되었다고 말합니다.

과학자도 어떤 것을 '합리적 의심의 여지가 없이' 증명할 수 있습니다. 예컨대, 공룡이 지구 위를 걸어다녔다는 사실을 '합리적 의심의 여지가 없이' 증명할 수 있어요.

눈에 보이는 것이 항상 옳다고 믿을 수 있을까?

우리 눈은 대개는 충분히 믿을 만해요. 우리는 그냥 보는 것만으로 앞에 있는 게 무엇인지 알 수 있어요. 그리고 다른 감각(청각, 미각, 후각, 촉각)도 냄새나 소리 등을 파악할 때에는 충분히 믿을 만해요.

하지만 감각이 우리를 착각으로 이끌 때도 있어요. 때로는 우리 눈에 보이는 사물이 실제 모습과 다르게 보일 때가 있는데, 이러한 시각적 착각 현상을 '착시'라고 해요. 다음 쪽의 두 선을 보세요.

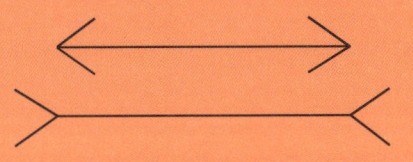

어느 선이 더 길어 보이나요? 아래쪽 선이 더 길어 보이지요? 하지만 자를 가지고 두 선의 길이를 재어 보면, 둘 다 똑같다는 사실을 발견할 거예요.

이번에는 이 그림을 보세요. 그림이 움직이는 것처럼 보이지요? 물론 실제로 동그라미는 움직이지 않아요. 동그라미 하나에 초점을 맞추고 바라보면 그림이 몇 초 동안 멈출 거예요.

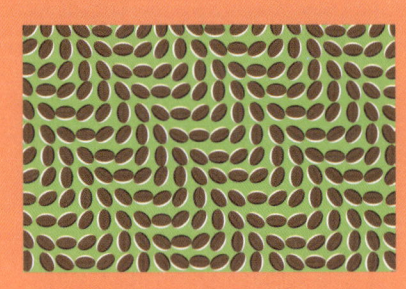

이러한 착시 현상은 우리의 감각이 항상 믿을 만한 건 아니라는 사실을 보여 줍니다. 따라서 우리의 감각에 아주 특이한 게 보이거나, 어떤 것을 정확하게 파악하는 게 아주 중요할 때에는 혹시 감각이 우리를 속이는 것은 아닌지 돌아볼 필요가 있어요.

악마가 들고 있는 포크도 착시 현상이에요.

비행접시 같은 것이 과연 실제로 있을까?

1947년, 케네스 아널드(Kenneth Arnold)라는 사람이 경비행기를 몰고 미국 워싱턴 주 레이니어 산 근처를 날고 있었어요. 그때 갑자기 하늘에 이상한 게 나타났어요. 기묘하게 생긴 비행 물체들이 줄지어 날고 있었지요. 아널드는 착륙하자마자 본 것을 관제탑에 보고했고, 라디오 방송국들과 신문들은 즉각 아널드가 본 것을 크게 보도했어요. 비행접시가 줄지어 나타났다고 말이에요!

얼마 후 다른 사람들도 하늘에서 접시처럼 생긴 물체가 나타난 것을 보았다고 이야기했어요. 그리고 알다시피 그 후로 그런 사람들이 계속 나타났어요.

비행접시를 목격했다는 사람들이 그토록 많으니 적어도 그중의 일부 비행접시 이야기는 사실일 거라고 생각하기가 쉬워요.

하지만 흥미로운 사실이 하나 있어요. 아널드가 실제로 비행접시를 본 건 아니었어요. 그는 단지 그 물체들이 호수 위에서 물수제비를 뜨듯이 통통 튀는 접시처럼 '움직였다고' 말했을 뿐이었어요. 실제로 생긴 모습은 '부메랑'과 비슷했던 것 같아요. 하지만 아널드의 이야기를 받아 적던 기자는 그 이야기를 잘못 이해했어요.

그렇다면 비행접시에 대한 보도가 나온 직후에 수천 명이 비행접시를 보았다고 주장한 이유는 무엇일까요? 그들 역시 뭔가를 보았을지 몰라요. 예컨대 하늘에서 기묘하고 어렴풋한 빛을 보았을지 모르지요. 하지만 그들은 그것이 필시 접시 모양일 거라고 기대했기 때문에, 눈에도 그렇게 보인 거예요. 눈이 그들을 속인 거지요.

이것을 '자기 암시'라고 불러요. 사람들은 자기 암시에 속는 경우가 많은데, 아널드 이야기도 그런 예들 중 하나에 지나지 않아요. 여러분은 자기 암시에 속아 넘어간 적이 없나요?

이 개의 다리에 뭔가 이상한 점이 없나요?

점성술로 미래를 정확하게 알 수 있을까?

신문이나 잡지에서 별자리 운세를 본 적이 있을 거예요. 별자리 운세는 오늘이나 일주일 동안 여러분에게 일어날 일을 알려 주어요. 예를 들면 이런 식이죠.

물병자리: 이번 주에는 좋은 소식과 나쁜 소식이 있습니다. 친구가 행운을 가져다주지만, 금전 문제로 고민이 생길 것입니다. 주말부터는 상황이 나아질 것입니다.

점성술사는 어떻게 이런 예언을 할까요? 그들은 별과 행성의 위치가 사람들의 운명에 영향을 미친다고 믿어요. 그래서 별과 행성이 움직이는 위치를

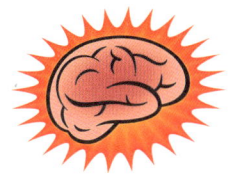

알쏭달쏭한 질문

점성술이 맞는지 검증하는 방법이 있을까요? 여러분은 그런 방법을 생각할 수 있나요?

표시한 천궁도를 만들고, 이 천궁도를 바탕으로 앞일을 예언해요.

그런데 점성술사는 어떻게 사람의 별자리만 알면 그 사람의 앞날에 무슨 일이 일어날지 예언할 수 있을까요?

실제로 점성술사가 예언한 게 맞는 것처럼 보일 때가 종종 있어요. 이것은 점성술이 맞다는 것을 뒷받침하는 증거일까요?

아마도 그렇진 않을 거예요.

점성술사가 하는 말을 자세히 살펴보면, 어떻게 해도 들어맞을 수밖에 없는 말이 많아요. 예를 들면 이런 식이죠.

당신은 직장을 옮길까 고민하고 있군요.

돈 때문에 고민이 많겠군요.

사람들은 대부분 직장을 옮기는 문제를 한 번쯤 생각하고, 또 돈 때문에 고민이 많습니다. 따라서 이런 예언이 맞는 것처럼 보인다고 해서 점성술이 옳다는 증거가 될 수는 없어요.

또 점성술사가 하는 말은 아주 모호할 때가 많습니다. 예를 들어 "상황이 나아질 것입니다."와 같은 말을 보세요. 이게 도대체 무슨 말일까요? 내게 행운이 찾아온다는 뜻일까요? 아니면 나라 전체의 경제 상황이 좋아진다는 뜻일까요? 그것도 아니면 다른 뜻일까요? 무슨 일이 일어나더라도, 설사 내가 버스에 치이는 사고를 당한다 하더라도, 상황이 나아질 것이라는 말이 들어맞는 일은 얼마든지 찾을 수 있어요.

게다가 누구라도 점성술사처럼 예언을 많이 하다 보면, 그중에서 우연히 들어맞는 게 일부 나오게 마련이에요.

몸에서 피를 뽑아내면 치료에 도움이 될까?

수백 년 전만 해도 서양에서 환자를 치료하는 데 많이 쓰던 방법은 피를 뽑아내는 것이었어요. 의사는 환자의 정맥을 잘라 '나쁜 피'를 뽑아냈어요.

의사들은 왜 그런 짓을 했을까요? 그들은 피를 뽑아낸 사람이 병에서 회복되는 사례를 종종 봤던 것 같아요. 그래서 피를 뽑아내면 치료에 도움이 될 거라고 생각했어요.

하지만 오늘날에는 피를 뽑아내는 것은 치료에 도움이 되지 않는다는 사실

이 밝혀졌어요. 오히려 환자의 상태를 더 나쁘게 할 수 있어요. 피를 뽑아낸 사람들 중에서 회복한 사람이 많다는 사실은 피를 뽑아내는 방법이 효과가 있다는 증거가 될 수 없어요. 왜냐하면 피를 뽑지 않았더라도 어차피 많은 사람들이 회복했을 것이기 때문이지요.

시간 여행이 가능할까?

시간 여행을 다룬 소설과 영화는 아주 많습니다. 하지만 실제로 시간 여행을 하는 것이 가능할까요? 만약 가능하다면, 그 여행에서 어떤 일을 경험하게 될까요?

허버트 조지 웰스(Herbert George Wells)의 소설 『타임 머신』에서 시간 여행자는 자신이 만든 기계에 탄 뒤에 다이얼을 돌려 시간을 먼 미래의 어느 해에 맞추고 조종대를 잡아당깁니다.

그러자 주변의 시간이 아주 빠르게 흐르기 시작합니다. 사람이 방 안을 로켓처럼 빠른 속도로 휙 지나가고, 하늘의 해도 동쪽에서 서쪽으로 쏜살같이 지나갑니다. 곧 눈 깜짝할 사이에 해들이 씽씽 지나가고, 시간 여행자는 마침내 먼 미래에 도착합니다.

하지만 이 이야기는 이치에 맞을까요?

만약 시간 여행자가 방 안에서 사람들이 파리처럼 부산하게 들락날락하는 걸 볼 수 있다면, 그들 역시 시간 여행자를 볼 수 있을 거예요. 만약 시간 여행자에게 그들이 아주 빨리 움직이는 것으로 보인다면, 그들에게 시간 여행자는 아주 느리게 움직이거나 전혀 움직이지 않는 것으로 보일 거예요. 그들의 눈에 그는 석상처럼 얼어붙은 것으로 보이겠지요!

그렇다면 이 방법이 시간 여행을 하는 데 도움을 주었다고 할 수 있을까요? 시간 여행자는 그저 자신의 시간을 느리게 흐르도록 한 데 불과한 것이 아닌가요? 이것을 제대로 된 시간 여행이라고 할 수 있을까요?

일부 과학자는 시간 여행이 가능하다고 생각합니다. 시간 여행에 지름길을 제공하는 '웜홀'이 우주 공간 어딘가에 있을지 몰라요. 하지만 설사 과학자들이 시간 여행이 가능하다는 것을 증명한다 하더라도, 해결해야 할 '철학적 문제'가 남아 있어요.

한 가지 문제는 '과거'에 관한 것이에요. 만약 진짜 타임 머신이 있어 그걸 타고 과거로 돌아갈 수 있다면, '과거에 이미 일어난 사건'을 바꿀 수 있을 거예요.

하지만 과거의 사건을 바꿀 수 있다면, 내가 과거로 돌아가 아직 자식을 한

명도 낳지 않은 할아버지를 만나 죽였다고 상상해 봅시다.

그러면 나는 영영 태어나지 않을 거예요. 하지만 잠깐만! 내가 태어나지 않는다면, 나는 여기에 '존재'할 수 없어요. 그렇다면 과거로 돌아가 할아버지를 죽여 과거를 변화시킬 수가 없어요. 따라서 나는 무사히 '태어나게' 되겠지요. 그러면 나는 존재하기도 하고 존재하지 않기도 하는 셈이 되어요. 이런 일은 있을 수가 없어요.

어떤 사람들은 과거로 돌아가 자신이 태어나지 못하게 하는 것이 불가능하다는 사실은 시간 여행이 불가능함을 보여 준다고 생각해요. 하지만 나는 꼭 그렇다고 생각하지는 않아요…….

정말로 외계인이 사람을 납치할까?

외계인에게 납치되었다고 주장하는 사람이 매년 수백 명이나 나와요. 납치된 뒤 외계인에게 기묘한 의학적 검사나 실험을 당했다고 주장하는 사람들도 있어요. 납치 사건은 대개 밤중에 일어납니다. 잠에서 깨고 나서야 납치당했다는 사실을 알았다는 사례가 많아요.

이렇게 많은 보고에도 불구하고 누가 외계인에게 실제로 납치되었음을 뒷받침하는 증거는 하나도 없어요. 그저 납치를 당했다고 주장하는 사람들의 이야기만 있을 뿐이에요.

그렇다면 사람들이 외계인에게 실제로 납치당했을 가능성은 얼마나 될까요?

일부 주장은 꿈을 꾸는 것과 비슷한 상태인 수면 마비(가위 눌림이라고도 하는)로 설명할 수 있을지 몰라요. 수면 마비는 자신이 깨어 있다고 생각하지만 실제로는 그렇지 않은 상태를 말해요. 이 상태에서는 몸이 마비된 듯한 느낌이 들며 종종 기묘한 경험을 할 수 있어요. 때로는 괴상한 형체가 나타나는데, 그것이 악마나 외계인처럼 보일 수도 있어요.

물론 수면 마비 상태에서 경험하는 대상은 실제로 거기에 있는 것이 아니에요. 하지만 그런 대상은 섬뜩하게도 실제로 눈앞에 생생하게 나타난 것처럼 보여요.

이처럼 외계인 납치 이야기 중 일부는 수면 마비로 설명할 수 있어요.

기적이란 게 정말로 있을까?

매년 많은 사람들이 기적을 경험했다고 보고합니다. 그중 일부는 종교적 기적이에요. 가톨릭 교회는 병을 낫게 해 달라고 성인에게 간절히 기도를 했다가 병이 기적처럼 싹 나은 사례가 많다고 주장합니다.

과연 기적이 '실제로' 일어날까요? 어떤 면에서는 그렇다고 할 수 있어요. 단지 우연의 일치로 아주 놀라운 일이 일어날 때에도 우리는 기적이 일어났다고 흔히 말하기 때문입니다.

내가 아주 어려운 처지에 있다고 합시다. 돈이 없어 카드 대금도 못 갚을 형편이지요. 그래서 혹시나 하고 복권을 샀더니 당첨이 되었어요! 덕분에 나는 어려운 처지에서 벗어날 수 있게 되었지요. 이것도 일종의 기적이 아닐까요?

그런데 이런 기적은 항상 일어납니다.

　사실, 이런 기적이 일어나지 않는다면, 오히려 그것이 이상할 거예요. 물론 복권에 당첨된 사람은 아주 운이 좋다고 할 수 있어요. 하지만 누군가는 반드시 당첨될 수밖에 없고, 그 사람이 바로 놀랍도록 운이 좋은 사람이 되지요. 놀랍도록 운이 좋은 사람이 있다는 사실은 놀랍도록 운이 나쁜 사람(예컨대 벼락에 맞는 사람)이 있다는 사실과 마찬가지로 전혀 놀라운 일이 아니에요.

　이처럼 굳이 초자연적 존재가 개입할 필요 없이 순전히 우연만으로도 온갖 종류의 기적이 일어날 수 있어요. 기적이 과연 성인이나 신 또는 그 밖의 초자연적 존재가 우리 삶에 일어나는 일에 개입해 기적을 일으키느냐 하는 것은 또 다른 문제이지요.

"기적은 매일 일어난다. 기적에 대한 인식만 바꾸면, 도처에서 기적이 보일 것이다."

존 본 조비(Jon Bon Jovi, 1962 ~), 미국의 록 가수

요정은 정말로 있을까?

1917년 영국 북부의 작은 마을, 코팅리에 엘시와 프랜시스라는 두 여자 아이가 살았어요. 어느 날 두 아이는 코닥 브라우니 카메라를 가지고 숲으로 놀러 갔어요. 그리고 자신들이 요정들과 함께 놀고 있는 모습을 사진으로 찍었어요.

이 사진은 아주 유명해져 많은 사람의 관심을 끌었어요. 관심을 보인 사람 중에는 셜록 홈스 이야기를 쓴 아서 코넌 도일도 있었어요. 코넌 도일은 코팅리의 요정들이 실제로 존재한다고 믿었어요.

심지어 사진 전문가들조차 사진을 조작한 흔적을 찾을 수 없다고 말했어요. 그들은 요정 중 하나는 사진을 찍을 때 움직이고 있었던 것처럼 흐릿한 모습으로 보인다고 말했어요.

하지만 65년이 지난 1982년에 이제 할머니가 된 두 소녀는 사진의 요정들은 종이를 오려 만든 것이라고 털어놓았어요.

오랫동안 많은 사람들에게 요정이 실제로 존재한다고 믿게 한 사진 속 코팅리의 요정들은 실제로 존재하지 않았다는 사실이 밝혀진 거지요.

용어 설명

감각
감각 기관을 통해 바깥에서 오는 자극을 알아차리는 일. 다섯 가지 주요 감각은 시각, 청각, 미각, 후각, 촉각이다.

검증
어떤 주장이나 가설이 옳은지 그른지 확인하는 것.

공통 조상
여러 종의 공통되는 조상.

과학자
관찰, 분석, 실험을 통해 세계를 연구하면서 보편적인 진리나 법칙을 발견하는 사람.

관찰
사물이나 현상을 주의하여 자세히 살펴보는 것.

뇌
머리뼈 안에 신경세포가 모여 있는 기관. 생각하고 감정을 느끼고 몸의 움직임을 조절하는 일 등을 한다.

다윈, 찰스(Darwin, Charles 1809 ~ 1882)
영국의 생물학자. 생물은 자연 선택이라는 과정을 통해 오랜 시간에 걸쳐 새로운 종으로 진화할 수 있다고 설명했다.

데모크리토스(Democritos, 기원전 460년경 ~ 기원전 370년경)
고대 그리스의 철학자. 세상의 모든 것은 원자로 이루어져 있다고 주장했다.

도덕
누구나 마땅히 지켜야 할, 옳고 그른 것에 대한 규칙이나 규범. 법률처럼 강제력은 없지만, 각자의 양심과 사회적 관습에 영향을 받는다.

도일, 아서 코넌(Doyle, Arthur Conan 1859 ~ 1930)
영국의 추리 소설가. 셜록 홈스 시리즈로 세계에 널리 알려졌으며 추리 소설을 대중화시키는 데 기여했다.

레밍
쥐과의 포유류. 그 수가 크게 불어나면 사방으로 이동하기 때문에 나그네쥐라고도 부른다.

로봇
어떤 작업을 자동적으로 하게 만든 기계 장치.

망막
눈알의 가장 안쪽에 있는 맥락막이라는 막 안에 시각세포가 막 모양으로 층을 이룬 부분.

물체
공간적 부피를 차지하고 높이와 폭, 무게처럼 물리적 속성을 지닌 것. 예를 들면 개미, 의자, 행성 등이 있다.

본 조비, 존(bon jovi, jon 1962 ~)
미국 뉴저지에서 만들어진 하드 록 밴드 본 조비의 보컬. 본 조비는 50개국 이상에서 2600회가 넘는 콘서트를 선보였으며 각종 음악상을 수상했다.

브라운, 데런(Brown, Derren 1971 ~)
영국의 유명한 마술사이자 최면술사. 심리학을 기본으로 하여 사람의 마음을 읽는 독특한 마술을 개발해 선보이며 대중에게 이름을 알렸다.

빅뱅
약 130억 년 전에 아무것도 없던 곳에서 대폭발을 통해 우주가 태어났다는 이론.

배심원
법률 전문가가 아닌 일반 국민 가운데 선출되어 재판에 참여하고 판단을 내리는 사람.

생식
생물이 자기와 닮은 개체를 만들어 종족을 유지하는 일.

성인
카톨릭 교회에서 일정한 의식에 따라 성덕이 뛰어난 사람으로 선포한 사람.

세이건, 칼(Sagan, Carl 1934 ~ 1996)
미국의 천문학자. 미국 항공 우주국(NASA)에서 자문 위원으로 활동했고, 캘리포니아 주에 설치된 전파 교신 장치로 우주 생명체와의 교신을 시도하기도 했다. 텔레비전 다큐멘터리 「코스모스」도 제작했고, 교양 과학 도서 저자로도 유명하다.

신경세포
신경계의 기본 단위로, 뇌와 몸에 전기 신호를 보내는 세포. 뉴런(neuron)이라고도 함.

실험
과학에서 이론이나 현상을 관찰하고 측정하는 일.

심령술사
과학으로는 풀 수 없는 특이한 심령 현상을 일으키는 사람.

아낙시메네스(Anaximenes, 기원전 585년경 ~ 기원전 525)
고대 그리스의 자연 철학자. 만물의 근원이 공기라고 주장함.

애덤스, 더글러스 (Adams, Douglas 1952 ~ 2001)
기가 막힌 상상력과 날카로운 풍자로 유명한 공상 과학 소설, 『은하수를 여행하는 히치하이커를 위한 안내서』를 쓴 작가. 1978년 6회짜리 라디오 드라마로 시작된 히치하이커 시리즈는 영국에서 폭발적인 인기를 등에 업고 텔레비전 드라마, 음반, 컴퓨터 게임, 연극에 이르기까지 다양한 장르로 퍼져 나갔다.

양성자
중성자와 함께 원자핵을 이루는 입자. 양전하를 띠며, 질량은 전자의 약 1800배임.

엠페도클레스(Empedocles, 기원전 490년경 ~ 기원전 430년경)
고대 그리스의 철학자. 만물은 공기, 불, 물, 흙의 단 네 가지 원소로 이루어져 있다고 주장함.

염력
초능력의 하나로 정신을 집중함으로써 물체에 손을 대지 않고 물체의 위치나 모양을 바꾸는 등의 힘.

영장류
가장 고등한 동물인 영장목(目)에 속하는 약 230종의 포유류. 여우원숭이, 원숭이, 유인원, 사람 등이 있다.

예언
앞으로 다가올 일을 미리 알거나 짐작하여 말하는 것.

원소
물질을 구성하는 기본 요소로, 한 종류의 원자로만 이루어진 것. 지금까지 118종이 발견됨.

원자
화학 반응을 통해 더 이상 쪼갤 수 없는 물질의 기본 단위. 원자는 가운데에 질량의 대부분이 모여 있는 원자핵과 그 주위를 도는 전자들로 이루어져 있다.

웜홀
우주 공간에서 블랙홀과 화이트홀을 연결하는 통로. 블랙홀은 중력이 너무 커서 심지어 빛조차도 빠져나갈 수 없는 천체를 가리키며, 화이트홀은 반대로 물질을 내뿜기만 하는 천체를 가리킨다.

웰스, 하버트 조지 (Wells, Herbert George 1866 ~ 1946)
영국의 소설가이자 비평가. 1895년에 공상 과학 소설 『타임머신』을 출간하면서 주목받기 시작해 과학 소설의 창시자로 인정받고 있다.

자기 암시
어떤 생각을 되풀이함으로써 자기 자신에게 암시를 주는 일.

자연 선택
자연계에서 그 생활 조건에 잘 적응하는 개체의 유전자는 널리 퍼지고, 그렇지 못한 개체는 저절로 사라지는 현상. 자연 선택설은 진화가 일어나는 주요 과정으로 다윈이 설명한 개념이다.

전자
음전하를 띠고 원자핵 주위를 도는 작은 입자.

점성술
별, 행성의 위치와 움직임이 개인과 사회에 영향을 미친다고 믿고서 그것을 바탕으로 개인과 국가의 운이 좋고 나쁨을 점치는 점술.

종(種)
서로 비슷하며 암수가 결합해 생식 능력이 있는 자손을 낳을 수 있는 생물 집단. 예로는 사람, 침팬지, 장미 등이 있다.

중성자
원자핵을 이루는 입자. 양성자와 달리 전하가 없다.

증거
어떤 이론을 뒷받침하는 사실.

진화
한 종이 오랜 시간에 걸쳐 서서히 변해 다른 종이 되는 과정.

철학자
인생이나 세계의 구체적인 문제를 근본적으로 파고들어 연구하는 분야인 철학을 전문으로 연구하는 사람.

초능력자
현대 과학으로는 합리적으로 설명할 수 없는 초자연적인 능력을 가진 사람. 초능력에는 물체에 손을 대지 않고 모양이나 위치를 바꾸는 염력, 미래의 일을 미리 아는 예지, 한 사람의 생각·말·행동 등이 다른 사람에게 전해지는 텔레파시, 어떤 물체의 속을 꿰뚫어 보는 투시 따위가 있다.

초자연적 현상
자연을 초월한 어떤 존재나 힘에 의해 일어나는 일.

콜드 리딩
마술사가 초능력이 있는 것처럼 보이기 위해 사용하는 속임수의 하나. 대략적인 이야기를 던져 상대방에게서 정보를 얻어 낸 뒤 마치 자기가 그것을 알고 있었다는 듯이 말하면서 상대의 믿음을 얻는 방법.

탈레스(Thales, 기원전 624년경 ~ 기원전 545년경)
고대 그리스의 철학자. 자연 철학의 시조로 불리며, 만물의 근원은 물이라고 주장했다.

파크스, 로자(Parks, Rosa 1913 ~ 2005)
아프리카계 미국 시민권 운동가. 1955년, 버스에서 백인에게 자리를 양보하라는 요구를 거절했다가 체포됨.

프랑켄슈타인(Frankenstein)
영국의 작가 메리 셸리의 괴기 소설. 제네바의 물리학자 프랑켄슈타인은 죽은 사람의 뼈로 생명체를 만들어 낸다. 하지만 이 괴물 생명체는 프랑켄슈타인을 위협하며 곤경에 빠뜨리고, 결국 괴물과 사투를 벌이던 프랑켄슈타인 박사는 비참한 최후를 맞게 된다.

헤라클레이토스(Heracleitos, 기원전 540 ~ 기원전 480)
고대 그리스의 철학자. 만물이 불로 이루어져 있다고 주장했으며, 같은 강물에 두 번 뛰어들 수 없다는(먼저 뛰어든 강물은 이미 흘러가 버렸으므로) 말로 유명하다.

호모 사피엔스 사피엔스
'슬기 슬기 사람'이라는 뜻으로, 오늘날의 인간을 생물학적인 종으로 나타낼 때 쓰는 이름. 4만~5만 년 전에 나타나 후기 구석기 문화를 발달시켰다고 여겨진다.

홈스, 셜록(Holmes, Sherlock)
영국의 추리 소설가 아서 코넌 도일의 작중 인물로 활약하는 명탐정. 획기적인 성공으로 명탐정의 대명사이자 실존 인물처럼 알려지기도 했다.

생각을 잘하는 비결

중요한 질문에 대한 답을 얻을 때 도움이 되는 다섯 가지 비결을 알려 드릴게요. 다음과 같은 방법을 써 보세요.

1. 왜 여러분의 답이 정답일 수밖에 없는지에 대한 논리를 세우고 그 근거를 찾아보여 주세요.

2. 독창적인 생각을 하도록 노력하세요. 사람들이 받아들이기에 너무 특이한 생각은 아닐까 고민하며 주저하지 말고요.

3. 비판적인 사람이 나의 답변을 듣는다면 어떤 논리로 반박할지 생각해 보면서 자신이 얻은 답을 검증해 보세요.

4. 최대한 단순하고 분명하게 설명하려고 노력하세요.

5. 다른 사람들이 당연하게 여기는 사실에 의문을 갖는 것을 두려워하지 마세요. 다른 사람들이 옳다고 여기는 것에 의문을 품는 데에서 수수께끼에 대한 답을 찾을 때가 종종 있어요.

철학 박사 스티븐 로의 **생각하게 만드는 책**

초판 1쇄 발행 2014년 8월 19일
초판 5쇄 발행 2018년 3월 05일

글쓴이 스티븐 로
그린이 니샨트 촉시
옮긴이 이충호
펴낸이 한혁수

총 괄 모계영
편집장 이은아
편 집 이예은, 민가진, 한지영
디자인 김세희
마케팅 구혜지, 한소정

펴낸곳 도서출판 다림
등 록 1997. 8. 1. 제1-2209호
주 소 07228 서울시 영등포구 영신로 220 KnK 디지털타워 1102호
전 화 (02) 538-2913 팩 스 (02) 563-7739
블로그 blog.naver.com/darimbooks
다림 카페 cafe.naver.com/darimbooks
전자 우편 darimbooks@hanmail.net

ISBN 978-89-6177-093-4 74100
ISBN 978-89-6177-045-3 (세트)

※이 책 내용의 일부 또는 전부를 사용하려면 반드시 저작권자와 도서출판 다림의 서면 동의를 받아야 합니다.
※책값은 뒤표지에 있습니다.

제품명: 철학 박사 스티븐 로의 생각하게 만드는 책	제조자명: 도서출판 다림	제조국명: 대한민국
전화번호: 02-538-2913	주소: 서울시 영등포구 영신로 220 KnK 디지털타워 1102호
제조년월: 2018년 3월 05일	사용연령: 10세 이상

※KC마크는 이 제품이 공통안전기준에 적합하였음을 의미합니다.

⚠ 주 의

책 모서리에 다치지 않게
주의하세요.